Plutôt La Mort

ALEX HUNTER

POESIE dagli ABISSI dell'ANIMA

Lÿra

A *Zoe* che mi ha accompagnato in questo viaggio, ha suggerito molte tematiche presenti in questo volume e mi ha spronato a ricercarle nel mio *essere* interiore.

A *Zoe* che mi ha accompagnato in questo viaggio, ha suggerito molte tematiche presenti in questo volume e

.˙. ANIMA, SALVEZZA, LIBERTÀ .˙.

Note su *Poesie dagli abissi dell'anima* di Alex Hunter

di Cinzia Baldazzi

Nell'opera di Alex Hunter, il *topic* centrale - le emozioni - transita fra suggerimenti culturali, *in primis* la pittura, e sentimentali, suggestivi da essere all'altezza di creare nell'immediato un piano plurimo di attinenze assai energiche. Dopo l'apertura affidata alla celebrazione del momento poetico (*Le porte dell'anima*), con *21 settembre "Il lungo addio"* l'autore intraprende il proprio viaggio confessando da subito una serie di situazioni limitanti: «lo star fermo dei pensieri», «i miei occhi sono fari senza luce», «sono assenza di me stesso». E conclude:

> *La mia mente si offusca perdendo la bussola della realtà*
> *nel deserto arido dei miraggi.*
> *Pur leggero, sono un peso e una catena, sono stanco,*
> *vi dono il mio addio...*

Ma non è, né potrebbe essere, un addio al dialogo, una rottura della comunicazione, poiché la *durata* di simili parole, di queste righe una dopo l'altra, costruisce una struttura spazio-temporale inscindibile, nonostante il mondo distorto, i suoi processi irrazionali, tentino di distruggere nel sociale le sane leggi della coscienza istintiva. Con *Poesie dagli abissi dell'anima* compiremo dunque un lungo viaggio spirituale e materiale dove i riferimenti a ipotetiche e sperate cadute, rinascite, catarsi, sono sostenuti con vigore, sebbene spesso rovesciati in chiave arguta, irridente, rivendicativa, anche di fronte a un tema difficile come l'accettazione della diversità:

> *Il mio riflesso ti acceca e non riesci a vedere oltre.*
> *Ai tuoi occhi sono copia d'autore.*
> *Apri la gabbia della tua mente, fatta di sbarre di falso pietismo,*
> *che non ti fa vedere l'oltre!*
> *[da Io sono il ventunesimo]*

L'oggetto di osservazione si allarga a un orizzonte storico-culturale nel quale siamo chiamati tutti insieme, nel nostro secolo, a confrontarci con categorie di giudizio velocizzate, mutando in senso radicale la αἴσθησις (*aisthèsis*) del soggetto e del dato esterno. Al contrario, gli «ingranaggi» del mondo dell'autore «si muovono in un tempo lento», i suoi passi procedono «flemmatici e incerti».

A tale proposito, analizzando la dimensione del χρόνος (*crònos*) della narrativa, Edward Morgan Forster ha sottolineato: «Oh, quale lotta inesausta è quella che il tempo conduce contro i figli degli uomini" esclama Herman Melville, e la lotta continua non soltanto nella vita e nella morte, ma anche sulle strade secondarie della creazione letteraria e della critica». Al pari di ogni protagonista contemporaneo, Alex Hunter non si sottrae dal percepire il trauma che coinvolge e sconvolge sensibilità e raziocinio nell'interpretare la cronaca quotidiana nonché collettiva: nelle sue pagine prende corpo un reale precario dinamico, multiplo, in cui l'esperienza temporalmente esile (cosa accadrà domani? dopo il Covid e le recenti guerre ciascuno di noi se lo chiede) si proietta nel microcosmo della globalizzazione in agguato, a spezzare le progettualità di ampio raggio e ad annullare il diverso, il marginale. La negatività di temi purtroppo attuali scandisce le tappe del suo cammino letterario: aggressione alle donne e violenza domestica; pedofilia e omofobia; ritiro sociale, depressione e follia; emarginazione sociale, vecchiaia e solitudine; tragedia delle migrazioni, lavoro minorile e moderna schiavitù del lavoro.

L'incombenza di una sorte avversa conduce l'autore a traslare nell'atto della scrittura le figurazioni di inquietudine e dolore. «Non ho più carne libera di parole» è l'ultimo verso di *Pelle*, che così era stato avviato:

> *Il buio del mio dolore, parole senza voce*
> *legate in uno scrigno di tormento.*
> *I miei pensieri trattenuti con le mie mani sporche di sangue.*
> *La mia pelle diventa pergamena.*
> *Scritta con inchiostro rosso, ogni parola è ferita profonda...*

Quando gli «orizzonti» appaiono «oscuri», Alex Hunter si chiede: «Chi mi aiuterà?»:

> *Anima mia siam soli, dèstati, guarda oltre le nuvole di oscurità,*
> *quel raggio di libertà è un fil d'aquilone, afferralo e vola con lui*
> *oltre gli orizzonti oscuri.*
> *[da Orizzonti oscuri]*

La ricorrenza di parole-chiave come «libertà», «salvezza», «anima», indica gli obiettivi e, insieme, gli strumenti per conseguirli, il traguardo e la via per raggiungerlo. Il tutto si ritrova, in veste poetica, in uno struggente componimento dove la memoria di un individuo si fa presenza vitale nell'esistenza di chi è rimasto:

Sono la voce di un dì.
Io ero un padre, io ero un marito, io ero un lavoratore.
Io adesso sono un ricordo,
Io adesso sono una lacrima,
Io adesso sono un perché.
Io sono la voce con ali bianche, contro la morte dell'indifferenza
e la voce di chi non può più parlare.
[da La voce]

Ma chi è a parlare, a ricoprire il ruolo del narratore di *Poesie dagli abissi dell'anima*? In un emblematico saggio dal sottotitolo *Un contributo fondamentale alla "scienza della letteratura"*, il filosofo e critico Michail Michailovič Bachtin ha spiegato: «Dappertutto c'è soltanto un volto: il volto linguistico dell'autore che risponde di ogni parola come fosse sua. Per quanto numerose e multiformi siano le connessioni, le associazioni, le indicazioni, le allusioni, le corrispondenze semantiche e accentuali che muovono da ogni parola poetica, esse servono tutte a una sola lingua, a un solo orizzonte». Pertanto, anche laddove il *mot poétique* di questo libro appare diretto e persuasivo, a una lettura attenta rivela una sviluppata pluri-discorsività, meta-forizzata ad esempio negli "abissi dell'anima" del titolo.

Mi domando: qual è il sentimento espresso nell'opera? l'autore esita? ha paura? Suppongo di sì, ma soprattutto per noi, perché comprende quanto il terreno linguistico dello stile narrativo prescelto non autorizzi - ingenuamente - unità incoraggianti, tenendo invece conto dello *status* dei lettori, suoi destinatari, tormentati da contraddizioni sempre inclini a sfuggire i toni marcati e a coltivare piuttosto i mezzi toni e le sfumature, le ombre più della luce. A una siffatta atmosfera appartengono due brani significativi dove all'arte è assegnato un compito conciliatorio: in *Ritorno a casa*, il saluto alle sagome familiari degli alberi, dei sentieri, delle nuvole, avviene attraverso l'esecuzione di un quadro; ne *L'arcobaleno dell'addio*, la ripresa di un affetto smarrito viene auspicata nel segno di una tela oscura pronta ad animarsi di nuovi colori.

Tuttavia, quando viene posta enfasi sulle antinomie sociali e sulle precarietà individuali, allora il lettore viene condotto all'interno di una protesta, di una lotta aspra contro l'inversione del tempo in contrasto allo stato di natura, come nei versi disperati sulla tratta degli esseri umani e sul moderno schiavismo:

Tumulti, sangue contro sangue, respiri e corpi strappati via dal libeccio, la follia è diventata timoniere.
Accompagnati da Caronte verso le oscurità della notte, scintille di salvezza, che non accendono il fuoco della vita.
Oh, figli di tenebre, grande sarà la vostra condanna!
[da Scintille di salvezza]

Ora, chiediamo insieme ai lettori: cosa rimane del sentimento universale e dell'anelito alla bellezza così cari allo scrittore? Essi inducono a moltiplicare non un canonico amore rispetto all'ordine precostituito, sia pure naturale, bensì un insieme attivo, mutevole, in continuo divenire. Annotava Umberto Eco: «Con l'esperienza del sublime, pareva si celebrasse il nostro coinvolgimento degli scatenamenti dell'orrore o della maestà degli eventi naturali». Persino il terrore, dunque, può essere dilettevole, ma soltanto se «non c'incalza troppo da vicino», quando cioè le cose «sono viste e non subìte».
In tutto ciò scorre indisturbato, anzi incentivato, il *tempo*, dal momento che, citando di nuovo Bachtin, «Il futuro non è omogeneo col presente e col passato, e per quanto dura-

turo esso venga pensato, tuttavia è privo di concretezza sostanziale, è piuttosto vuoto e rarefatto, in quanto tutto ciò che è positivo, ideale, giusto, desiderato, mediante l'inversione viene riportato nel passato o in parte nel presente». Per quale ragione? «Poiché in questo modo tutto diventa più ponderabile, reale e probante». Ciononostante, una presa di coscienza tanto realistica non funziona da censura e in *Poesie dagli abissi dell'anima* si legge:

> *Sono un'anima scissa tra realtà e delirio.*
> *Vivo e muoio ogni volta nella mia follia.*
> *Il mio amico è il mio stesso pensiero, odo la sua voce prepotente*
> *e squillante, parla del suo passato e dei suoi ricordi confusi.*
> *[da La mia battaglia]*

Nell'olio su tela *Paternità* di Laura Pasqualucci (forse l'illustrazione più vicina alla poetica di Alex Hunter) risalta così, in tutta la sua forza, la battaglia per la vita:

> *Ho lasciato liberi i miei pensieri, verso un cammino di desideri,*
> *percorrendo una terra che non è...*
> *Ho abbracciato sogni della fanciullezza e amori mai nati...*
> *Ho sfiorato il viso di un figlio...*
> *[da Dicembre]*

La lotta incessante cui l'autore invita a unirsi trova identificazione con la «voce prepotente e squillante» intenta a riflettere sul passato: essa trapela inquietante nel già ricordato componimento *La voce*, con le «rughe del tempo custodi di verità», il «tempo passato» e le «ali bianche, contro la morte dell'indifferenza e la voce di chi non può più parlare». Il semiologo Christian Metz, con riferimento al cinema, ma anche all'oralità (compresa nel livello propriamente "letterario"), distingueva: «Vi è il tempo della cosa raccontata e il tempo del racconto», ed esemplificava: «Una delle funzioni del racconto è di far fruttare un tempo in un altro tempo». Se è vero, come notava Gérard Genette, che «il racconto letterario scritto, sotto questo aspetto, appartiene a uno statuto ancora più difficile da limitare», l'assunto di Metz sembra comunque pertinente.

Su questa linea si muove *Respiri di ricordi*: Alex Hunter apre e chiude il brano nel segno della memoria custode dei momenti di una vita intera, lungo la quale «il tempo correva incontrando i suoi attimi senza pause». Dopo essere stato difeso, protetto dal calore della madre, ora tocca a lui accompagnarla «nell'ultimo respiro dei ricordi». Assistiamo così al dispiegarsi di un ritmo cronologico costruito per negare la sfumatura principale di apparenti interruzioni, adeguato invece a permettere di misurarlo meglio.

Cosa rimane, in definitiva, nel *Kunstwollen* dell'autore, dell'identità tradizionale tra il "fluire temporale" (la *Zeitliche Strömung*) necessario a percorrere il tempo esistenziale e il compito di descriverlo? Il messaggio preminente ritengo corrisponda all'*hic et nunc* poetico di un tentativo costante di fronteggiare e contrastare il declino, l'abiezione, la violenza, alla luce di un riscatto nell'esperienza reale e in quella immaginata. Se accogliessimo l'invito formulato ne *Il volontario*, avremmo mani «sporche di terra, sporche d'altruismo», saremmo pronti «per donare un sorriso e un racconto, per stendere una mano di conforto e un pezzo di pane, una parola e una carezza».
Al di là del messaggio di per sé, con Alex Hunter viaggiamo nel territorio di quel rapporto tra scrittura e società così ben analizzato dagli studiosi statunitensi René Wellek e

Austin Warren: «La letteratura è una istituzione sociale che utilizza, come suo mezzo, il linguaggio, che è una creazione sociale. Il poeta stesso è un membro della società di una specifica condizione sociale». In *Poesie dagli abissi dell'anima*, la figura dello scrittore è dislocata in quella del "volontario", di «colui che ascolta» e «difende dagli abusi e prepotenze»: «Io sono l'amore di un volontario per donarlo a chi non ha più nulla».

Cinzia Baldazzi
Saggista e critico letterario.
Università La Sapienza di Roma

.:. LE PORTE DELL'ANIMA .:.

Poesia, sono attimi, emozioni rivestite di parole.
Essenza di te stesso, respiri lenti dell'anima
Sulle ali di un aquilone che ti conduce
da un filo di libertà.

Le sue parole riscaldano il cuore, simili a fiamma
di un camino scintillante, al suon di faville danzanti,
all'ardere del legno di castagno invecchiato.

Il loro danzare è come chiavi forgiate da antichi
alchimisti per aprire chiavistelli, custoditi dal guardiano
del tempo e testimone di reminiscenze lasciate riposare
protette da un caldo vello pregiato.

Al loro risveglio sfiorate dalla brezza
di un delicato profumo di rose e mirto
la loro essenza invade l'inchiostro
e l'antico calamo, elargendo la poesia
sulle porte dell'anima

Laura Pasqualucci
"Porta rossa"
LP

IL LUNGO ADDIO ∴

21 settembre

Varco lo star fermo dei pensieri,
il mio cammino sulla maiolica, il lento e silente passo,
fino a incrociare il mio riflesso nello specchio,
simile a una candela dalla fiamma danzante,
sulle note del dolce vento di settembre.

Le mie rughe come onde, seguono la corrente del vento
e i miei occhi sono fari senza luce, nella loro solitudine.

Iniziatore del mio lungo addio,
chi amo diventa immagine sbiadita dal tempo,
nella nebbia densa dei ricordi,
sono assenza di me stesso,
la mia anima accorda una sinfonia di dolore,
ma non odo la melodia.

La mia voce dà fiato ad assoli stonati e il mio corpo è
indipendente nell'essere dipendente dal suo prossimo.

La mia mente si offusca perdendo la bussola della realtà
nel deserto arido dei miraggi.

Pur leggero, sono un peso e una catena, sono stanco,
vi dono il mio addio.

Marco Ferreri
"Fuori dalla porta"

∴ OMBRA ∴

Strade bagnate di un ricordo di un perché.
Passi veloci di silenzi ombre, ombre!

Io burattino delle ombre riflesse su mura immobili,
il mio essere agghiacciato, le mie grida silenziose,
i miei occhi squarciati simili a una diga in frantumi.

La mia pelle marchiata da segni oscuri mentre mani
non desiderate solcano con forza il mio corpo.

Vesti strappate, tacco spezzato, maschera che cola,
il mio viso da Pierrot,

Il mio amico fedel il silenzio,
l'acqua è il mio rito lustrale iterato.

La mia essenza è angustia, sazia di orrore,
eludo una carezza di chi mi sta accanto,
assiduo è il tarlo che corrode il mio essere.

La notte, il buio, il silenzio, le lacrime, il dolore
sono sostanza di giorni presenti .

Alberto Sebastiani
"Il trucco dell'anima"

∴ IO SONO IL VENTUNESIMO ∴

Ho camminato su nuvole oscure sospinte dal vento della
solitudine riflessa negli occhi del mio simile.

Io specchio diverso e pur il mio riflesso ti acceca
e non riesci a vedere oltre.
Ai tuoi occhi sono copia d'autore.
Apri la gabbia della tua mente, fatta di sbarre di falso
pietismo, che non ti fa vedere l'oltre!

Il mio mondo non è diverso dal tuo, è parallelo
e i suoi ingranaggi si muovono in un tempo lento,
i miei passi flemmatici e incerti, il tentennar di parole.

Immobile il tuo pensier!

Il tuo ritenermi l'eterno fanciullo e,
costruendo continue campane di vetro, credi che io sia
solo sorriso e abbracci, per te sono il sento dire di turno.

Il mio oltre è!

Demarcare ogni linea estrema con fervore,

Dal desiderio d'amare un corpo di donna al danzare
sulle note di una bachata, nel contendere il premio per
assaporare la vittoria e detronizzare
il vocio del luogo comune.

Vivo le tue stesse emozioni, ansie e dolori.

Io non sono il mio corpo, io sono l'oltre, io sono l'amore.

Alberto Sebastiani
"Diversità e stile"

∴ ORIZZONTI OSCURI ∴

Intrecci di pensieri e parole simili, ad antiche radici
che frantumano la dura roccia della quiete.

Hanno vita in me per mezzo di quel fiume d'acqua amara
che nasce come sorgente dagli squarci della mia anima...

Chi mi aiuterà!?

A liberarmi dal mio risentimento
che provoca dolore e oscurità.
Chi con una parola o un sorriso può donarmi dolcezza!?

Forse tu...Forse il tempo...

Chi liberà l'anima, dal suo tormento!?
Vaga senza meta in aridi orizzonti.

Il cibo più prelibato è amaro al mio palato.
Il mio corpo è debole anche se è forte.
La luce del sole sul mio capo è un raggio che mi
ammanta d'oscurità.

Il mio amico più fedel e le sue parole son peso per me.

Chi mi aiuterà!?

A liberare l'anima mia dal mal oscuro e a sradicare
radice di pensier avvelenata.

Anima mia siam soli, destati guarda oltre le nuvole
di oscurità quel raggio di libertà è un fil d'aquilone,
afferralo e vola con lui oltre gli orizzonti oscuri.

Alberto Sebastiani
"Anima mia"

.˙. SCINTILLE DI SALVEZZA .˙.

Notte fonda, rocce sporche di sangue, urla che
squarciano il cielo; luci luminose, simili a stelle cadenti.

Piedi laceri, che lasciano orme di sangue,
correndo verso un'illusione,
spargendo polveri di ricordi.

Mercanti di schiavi! "mediatori di carni umane, trattati
pari a bestie condotti al mattatoio."
Fiaccole di libertà, volti segnati, un lieve sorriso
emerge dall' anima, sulle ali di un sogno.

Mani dai pugni chiusi che stringono sabbia
come una clessidra rotta.

Il ruggito delle onde decreta il nefasto destino.

Tumulti, sangue contro sangue, respiri e corpi strappati
via dal libeccio, la follia è diventata timoniere.

Accompagnati da Caronte verso le oscurità della notte,
scintille di salvezza, che non accendono
il fuoco della vita.
Oh, figli di tenebre, grande sarà la vostra condanna!

Occhi che scorgono coste di civiltà,
alberi da radici velenose e diffidenti.

Di che cosa avete paura?!

Del color della pelle? Il loro sangue è rosso, pari al tuo.

Tratti il tuo simile come l'ultimo degli ultimi.

Terra, terra, tra grida di gioia!

Per abbeverarsi verso una fonte di acqua salata.

Rumori di guerre lasciano polveri di reminiscenze.

Dedicato a ogni uomo, donna, e bambino morti in questa nuova tratta di schiavi.

Tiziano Semeraro
"Gli occhi della speranza"

IO FUI ∴

Io che non nacqui mai

Tornai al buio di grandi abissi di un fuoco fatuo.

Indesiderato da anime egoiste.

Fui un amplesso di piacere perché ne avessi
dolore e oscurità.

Io che non nacqui mai.

Desiderato e amato dal primo attimo d 'amore,
il fato capriccioso come un tuono coprì il mio respiro.

Io che non nacqui mai.

Maledetto il giorno che io fui concepito
da violenza e cattiveria,
l'odio mi ha negato la luce della vita.

Io che non nacqui mai,

Io che sol non vidi, e la brillantezza delle stelle
la bellezza della luna declamata dai poeti
i miei occhi non videro, e l'azzurro del ciel
e lo sfiorare del vento, il sapore dell'acqua mi fu tolto.

La carezza d'amor negata, l'odore e il volto di mia madre
mai donato.

Io che nacqui mai, ma se fossi nato,
suggerei dal seno di madre e il profumo della sua pelle,
mi avrebbe acquietato e ascolterei la voce di un padre,

e il calore di abbracci... Respirerei il cielo... E guarderei
le meraviglie del creato... calpesterei la terra...

Per donarvi un sorriso

Io non nacqui mai, e ritorno al mio fuoco fatuo.

Dedicato a tutti i bambini mai nati.

Alberto Sebastiani
"Black rain"

∴ LA MIA BELLEZZA ∴

Specchio, specchio del mio essere, che muti il mio dolore,
in una immagine vestita di una falsa verità.

Tu riempi il vortice del mio vuoto con parole delle tue
mille schegge frantumate dell'immensa aridità oscura
che vive dentro me.

L'immagine che rifletti del mio involucro
è ciò che voglio ammirare.

Specchio, specchio mio fedel illusionista,
tu che mi dai forza nel combattere il vil
cibo è fiel al mio palato e simile a parole
freccia avvelenata penetra nel mio intimo .

Sangue del mio sangue con voce imponente
mista a carità e a forza è un'eco simile al vento tagliente
sulla mia pelle.

Il mio dolore ora è gioia.
Le mie lacrime non sgorgano più nella valle oscura.

Colpa non ho, libera come una prigioniera
che ha scontato la sua pena.

Specchio, specchio mio amico, mio prode cavalier
che mi doni splendor e bellezza.

Specchio, specchio, ora sono stanca, negli anni sei stato
fedel amico, ti lascio il mio ultimo alito di vita,

sul tuo freddo silenzio e come vapore mi dissolvo
alla tua presenza.

Antonella Cerabona
"La mia bellezza"

∴ PRIGIONIERA ∴

Graffi nell'animo, sensazioni di dolore,
sorrisi persi nel tempo, come un riflesso nell'acqua,
ricordi che rendono prigioniera,
di una libertà di accettazioni, di abitudini e rinunce,
che lega le tue mani e il tuo cammino il tuo essere donna
libera, sciogli i nodi della paura e dell' insicurezza...

Lascia cadere le corde delle scelte del passato
Alzati e vola... vola come l'aquila.

Rifletti il suo planare, lei spiega le sue grandi ali,
segue la corrente ascensionale dei venti e diventa
padrona assoluta del cielo, del mare,
e si lascia condurre dal vento.

Senza stancarsi, libera, in cerca della sua vera natura
affinché i suoi occhi vedano orizzonti di libertà e
volteggia tra i mille colori dell'arcobaleno.

Antonella Cerabona
"Sopraffatta"

∴ PELLE ∴

Il buio del mio dolore,
parole senza voce legate
in uno scrigno di tormento.

I miei pensieri trattenuti
con le mie mani sporche di sangue

La mia pelle diventa pergamena.
Scritta con inchiostro rosso,
ogni parola è ferita profonda...

La mia pelle racconta dolori di vita,
ogni giorno scalfisco cicatrici di storie.

Sono anima inquieta che aleggia su acqua stagnante
Cerco un raggio di sole tra le pareti
del mio essere oscuro.

Silenzio è il nome del mio nemico...
Chi mi mostrerà la luce che illumina
la mia via verso la libertà?

Emozioni con vesti d' aguzzini.
Forse, amici o sangue di sangue
che scivola dalla mia pelle?

Forse tu, consapevolezza dell'essere?
Illumina i miei pensieri e liberami dal mio tormento.

Ché non ho più carne libera di parole.

Alex Hunter
"Help"

∴ LA MIA BATTAGLIA ∴

Sono un'anima scissa tra realtà e delirio.
Vivo e muoio ogni volta nella mia follia.

Il mio amico è il mio stesso pensiero,
odo la sua voce prepotente e squillante,
parla del suo passato e dei suoi ricordi confusi.

Lui crea dimensioni dove la morte non esiste,
dà voce a corpi trapassati e a chi ancora vita non ha.

Oggi sono condottiero di un regno
sono un dio onnipotente,
ma sono anche don Chisciotte che combatte
contro i suoi mulini a vento.

Ho momenti di risate isteriche e anche notti di tormenti
combatto con i miei demoni interiori...

La paura è mia amica e l'ansia è mia sorella.

Chi mi voleva bene si allontanava sempre di più.
Anch'io un giorno ero rispettato e considerato
ho amato, avevo sogni...

Stringevo tra le braccia un bambino,
ho un ricordo annebbiato di una casa
e di una giacca con una cravatta appoggiata sulla sedia
e la voce di donna che sussurrava "Buongiorno amore".

Ora stringo tra le mani allucinazioni e tormento
e un'anima che vuole vivere ancora.

Alberto Sebastiani
"Schermi dissolti"

.∙. SPECCHI OMOFOBI .∙.

Attraverso gli specchi dell'anima,
con le loro radici di simboli, di volti offuscati dal tempo,
vado oltre e accarezzo il viso di un bambino
e delle scarpe con tacchi a spillo.

Mi volsi indietro e frantumi di lacrime di specchi
al mio passare scorsi.

Con un passo lento, osservo e ascolto un'eco di risate
e insulti, volti materni di smorfie.

Sento dolore sul viso e nei fianchi le loro mani,
le loro parole sono lame che trafiggono.

Con pugni chiusi e sanguinanti
e con schegge di specchio tra le mani proseguo.

La mia espressione riflessa a metà tra trucco e barba,
i miei piedi che perdono il rosso all' incedere;
c'è una crepa sullo specchio, la mia mano lo tocca
e si frantuma in mille pezzi.

Frammenti di Stelle, schegge di specchio
si fondono con il colore dei miei occhi,
dove l'oltre appare, la sagoma di un uomo
che si allontana, negando un abbraccio
e una sua lacrima, tocca le mie labbra ed è amara.

Mi piego sulle ginocchia dal dolore,
grido al cielo e alle nuvole e simili a fili mi avvolgono;

mi sento protetto, amato,
come un bruco divento farfalla
e volo oltre lo specchio dell'omofobia.

Tiziano Semeraro
"Metamorfosi"

.˙. IO AGNELLO TRA I LUPI .˙.

Il silenzio diventò fratello,
la lacrima nel buio mi fu amica.

La porta dei sogni non varcai nella tenera età,
chiusa da radici velenose e spine tra i rovi,
che rilasciavano, al mio tocco, ferite e graffi

Il livido divenne amico di giochi
e gli scherni, furono pacche sulla spalla.

I fogli di un diario furono lo specchio
delle mie paure e dei perché.

Io agnello tra lupi affamati, per saziare il loro ego.

Il mio grido di silenzio non fu percepito,
da un padre e una madre, con i loro affanni per la vita.

La mia solitudine tra sedie e libri e una lastra di ardesia.

Sono in bilico su un precipizio,
lascio cadere un foglio e una penna.

Mi guardo indietro e afferro una mano tesa,
che mi afferra in un abbraccio stringendomi
con senso di giustizia, affinché non accada più.

Antonio Federico
"Vieni, parliamone"

∴ RICERCA DI UNA SCHIAVITÙ ∴

Avevo sogni di un domani li ho traditi,
per partire alla ricerca di una terra che non c'è,
mi sono messo in viaggio, la valigia preparata con cura,
con ricordi, ferite, delusioni e una bottiglia di vodka.

Percorro chilometri di pensieri sulle strade dei perché,
vado per strade malfamate e un po' per noia,
un po' perché mi manca, la desidero,
vado in cerca di Maria, con le sue fantasie
e le storie che racconta sdraiata, con lei ci sto bene
tra i fumi dell'alcool e di erba che si consuma.

Tra un respiro e una parola, ritrovo la mia armonia
tra risate e un panino, lei fa morire le mie inibizioni
e racconto a me stesso e agli altri
che è solo una di passaggio.

Ma io sono uno che tradisce,
prima me stesso e poi gli altri,
ora tocca a Maria, con lei non provo più stimoli.

Riprendo la mia valigia e riparto per una nuova città,
cammino verso una strada deformata,
al centro c'è un albero di pero, ho fame prendo un frutto,
è impolverato di una polvere bianca, la mano lo afferra.

Si tinge di bianco, e si mescola al mio sangue
mentre mi pungo con un ramo colano gocce di sangue,
con la bocca addento quel frutto e ne assaporo il gusto,

è dolce e succoso... continuo il mio cammino
ed entro senza paura in un tunnel,
in lontananza vedo raggi di colori
e percorro il buio.

Sento canti e voci simili ai racconti sulle sirene
più le ascolto, più provo un'estasi di benessere,
voglio raggiungere la fine del tunnel,
raggiungere quei raggi colorati.

Sono loro i miei sogni, è il mio domani, sono paralizzato,
torno indietro ho ancora voglia di quel frutto succoso,
vado verso quell'albero e prendo la mia dose di frutto,
sembra un rituale, e ogni volta lascio alle sue radici
gocce di sangue, quasi come obolo.

Cerco di andare verso i raggi colorati
alla fine del tunnel, sono stanco voglio riposare.

Il corpo e il mio volto sono dissolti,
le mie braccia sono composte d'aria,
non mi rimane più forza, mi siedo a terra,
un uomo con i colori della notte si avvicina,
è la prima volta che vedo qualcuno nel tunnel.

E gli chiesi «Chi sei?»
«Sono l'uomo della notte, il tuo tempo è finito».
Gli chiesi altro tempo, perché ritorni a casa.

Mi diede allora la sua mano per farmi alzare
sentii il freddo scorrere per tutto il corpo.
Arrivai all'albero di pero
presi il frutto e lo mangiai,

ma al palato era amaro e bruciava, da quell'istante abbracciai la mia valigia e ritornai a casa.

Era un'urna, incisa con un nome e una data.

Tiziano Semeraro
"Inganni della mente"

∴ ERA L'ANNO 2020 ∴

Buio!

Odor acre di fumi di morte,
eco di voci che salgono dal profondo.

Nuvole di polveri, fango e terra melmosa,
rumori assordanti di rocce spaccate,
pari a evocazioni dantesche.

Ceppi antichi con chiavistelli inesistenti,
e catene di povertà;

Esili corpi oppressi dal ventunesimo secolo.

Epoca senza virtù e tiranni in doppiopetto, sciacalli!

Uomini senza onore, oppressori di respiro,
in cambio di pietre d'oro tagliate con l' argento vivo
e diamanti grezzi, sporchi dal sangue innocente
e di stille di umore, passi e orme che marchiano il suolo.

Mani sporche di terra e facce segnate dal dolore,
schiene ricurve per un pezzo di pane.

Umanità, non avevi più dignità,
ti smarristi dal cammino dei tuoi padri.

Chi tra di voi valutò!?

Tutti insensati e doppi d'animo!?

Perseveravate nella vostra follia, trafficanti di povertà,
sofferenza e sangue, in cambio di pezzi d'oro
plasmati in anelli, incastonati da diamanti senza vita.

Germogli di anime languide, private di respiro.

Uomini concentrati nella loro vanità ed egoismi,
i loro fondamenti erano potere, lussuria,
ricchezza e sfarzo.

Uomini ribelli ai valori della vita.

Diventò il secolo dell'immoralità,

Dei di se stessi.

Oro e diamanti, sangue e morte schiavi e prigionieri.

Un grido senza voce!

Era l'anno 2020...

*Dedicato: Ai bambini minatori. Bambini e bambine, con
un'infanzia e un'innocenza strappata.*

Stefano Borgato
"Save me"

.˙. IL GUARDIANO DEI SOGNI .˙.

Io, l'antico guardiano, il protettore dei cuori puri,
per il mio ardor, sigillo del mio casto amor,
sono la porta del regno dei sogni
e dell' incanto del mondo delle favole.

La mia battaglia contro l'uomo delle tenebre
mi porta a lui che ruba l'innocenza.

Un dì mi fu negata "Ascolta anima nobile
dalla carezza e dal sorriso, in cambio di chi elargisce doni
nel tuo grido silente allontanati.

Il suo donar è una catena nell'animo e oltraggio.

Di astuzie e malizie è pieno il suo cuor,
il suo intento è profanar il tuo tempio
adornato dal sorriso di purezza ed emozioni d'innocenza.

È un mercante d'inganni, tramuta il bronzo in oro
e la menzogna in verità.

Ti offre il suo amor per il suo piacere,
ruba la tua anima da fanciullo per togliere luce
in cambio di buio nel tuo profondo.

Per man ti conduce nei suoi tunnel tenebrosi,
sfiora il tempio, la tua intimità; si volge ad amico,
nonno, padre, fratello, nel suo incanto diventa in ultimo
te stesso, i suoi occhi ipnotici.

Resti immobile, la pelle ammantata di paur,
il respiro lento, lacrime che solcano le tue gote,
il dolor che squarcia il tuo tempio.

Il suo sorriso di goduria, la sua carezza si alza:
è finita con un dito sulle labbra, fa segno del silenzio.

Il silenzio della vergogna, il silenzio della paura,
il silenzio della colpa, della rottura del sigillo.

La tua anima si sgretola, torna ogni notte,
chiude la porta alle sue spalle;
sei posto a sua abitudine e godimento,
cedevole alla sua forza lentamente diabolica.

Anima nobile, scappa, grida, che un guardiano ascolterà!

Rendi potente la tua voce e ti libererà dall'uomo
delle tenebre del non ritorno.

Simona Battistelli
"Infanzia rubata"

∴ PICCOLE ANIME ∴

Piccole anime depredate della loro fanciullezza
da pirati senza scrupoli, per riempire
i loro scrigni d'argento, incisi d'orgoglio, pezzi d'oro,
deposti in sacchi di differenziata e pietre preziose,
raccolte da mani intrise di sangue.

Piccole anime, rubate della loro purezza
e sporcate da ombre, che riflettono sorrisi e bontà
mendaci, dietro ad una carezza di mani nere di carbone.

Piccole anime sacrificate al dio Moloch e al dio dell'Eros,
per rivestire con vesti nere i loro sacerdoti senza pietà
assetati di sangue, perversioni e potere.

Piccole anime, dai corpi freddi, immobili,
sottratti del respiro del loro stesso seme,
trasformati in guardiani dal cuore cristallizzato,
piccole anime, denudate, affamate, ferite, schiavizzate.

Non è finita!

Il raggio di giustizia
darà luce a uomini e donne con un cuore
e un'anima che trabocca d'amore,
saranno vostri paladini, in protezione e difesa
dalle oscurità delle tenebre del vostro simile.

Fino a che dai vostri occhi
essi vedranno il mondo

per come dovrebbe essere:
fatto di sogni colorati dal blu d'amore.

Dedicata a tutte le piccole anime senza voce.

Alberto Sebastiani
"Piccole anime"

∴ ERANO LE TUE MANI ∴

Le tue mani accarezzavano il suo tempio,
lo sfioravano dolcemente, le procuravano piacere.

Le tue mani, si avvicinavano al suo capo,
con delicatezza, le tue dita scivolavano tra i suoi capelli
per incoronarla tua regina.

Era il tempo della tenerezza, della poesia, era il battito
della passione, del desiderio della complicità.

Le tue mani s'intrecciano alle sue mani,
come incastro perfetto, la stringevano a te,
per proteggerla in un abbraccio.

Le tue mani simili a uno scrigno di pietre preziose,
di un domani di eternità inciso nell'intimo.

Le tue mani afferravano le sue, in una danza,
che la faceva volare sulle ali della gioia.

Le tue mani adesso sono le sue lacrime, il suo dolore,
il tormento, la sua violenza, la sua prigione.

Le tue mani sono state il suo carnefice
intrise del suo sangue.

Le tue mani sono il prigioniero di te stesso.

Alberto Sebastiani
"Giocattolo rotto"

∴ IL COMPLESSO DI MEDEA ∴

Il complesso di Medea

Lacrime che sgorgano da occhi innocenti,
lasciando una scia sulle gote,
l' ultimo respiro finisce con un perché...

Tu, riflesso di Medea,
soffocando l' istinto d'amore,
nella tua folle vendetta.

L' innocente è il tuo sacrificio,
nella tua sete di dolore,
ti sei strappata il cuore, che è stretto
alle tue mani, mani intrise di lacrime e sangue...

Medea il tuo Giasone è il simbolo delle tue atrocità,

Simona Battistelli
"Joaquìn"

DICEMBRE ∴

Nel freddo gelido di dicembre,
in una notte buia senza stelle
nel soffuso luminare minore
simile alla mia solitudine, cammino sulle strade
dell'anima tra antiche lanterne
in cerca di un sentiero che mi conduca alla libertà.

Il fragore delle onde di un mare agitato
e la luce di un vecchio faro, sono la sola compagnia,
cerco spiragli di luce, tra i perché...

Ho lasciato liberi i miei pensieri
verso un cammino di desideri,
percorrendo una terra che non è...

Ho abbracciato sogni della fanciullezza
e amori mai nati...

Ho sfiorato il viso di un figlio...

Ho fatto risplendere il luccichio delle feste,
e tagliato legna da ardere in un antico camino,
per rivivere il calore di una casa.

Ho guardato i suoi occhi ancora una volta,
e il suo sorriso ha illuminato il mio sentiero.

Laura Pasqualucci
"Paternità"

∴ FORTEZZE ∴

Tu donna generata dal seme delicato dell'uomo con
armoniose e sublimi forme dal più sapiente architetto
al suo pari, per essere conforto e aiuto
nel cammino della vita.

Tu donna simile a terra fertile, hai ammantato
il seme della vita, dalla arsura del sole
e dai gelidi inverni, per donare il tuo frutto prelibato.

Tu donna sei uguale
all'immensità del cielo e ai suoi astri,
ma anche ad antiche fortezze mentali,
costruite su fondamenta di paure, sottomissioni e
dominio, penetrando con radici in menti aride.

Scegliendo e costringendoti a essere la Terra.

Diana Penso
"Anno 2020"

∴ GLI ULTIMI ∴

Ho visto occhi spenti, sofferenze dell'anima,
ho ascoltato storie di anime fragili,
frantumate in mille pezzi di sogni sepolti, di pesi, colpe,
tradimenti, di solitudine, di lutti e delusioni.

Ho incontrato gli invisibili che nessuno vuole vedere.

Nei loro occhi ho visto dignità, amore e sorrisi.
Loro sono gli ultimi, a loro basta il tuo sorriso,
è un gesto di gentilezza: gli riscalderà il cuore.

La gentilezza è una carezza sulle ferite dell'animo.

È una parola rivestita di dolcezza, è
una goccia d'acqua che quando ti sfiora
rilascia i suoi colori.

La gentilezza è un sorriso con i colori dell'arcobaleno,
nelle amarezze della vita.

Alberto Sebastiani
"Il sorriso dell'anima"

∴ FORZA INTERIORE ∴

L'anima mia è stata ferita dal suo primo respiro,
non ha mai sfiorato con mani innocenti
il seno di chi l'ha generata.

Tradita e abbandonata, venduta, per egoismo.
La mia anima cresceva come erba di campo,
senza una carezza, un abbraccio,
mai ha udito ti voglio bene.

La mia anima forgiata da un abile fabbro
simile a una spada a doppio taglio,
sento ancora il suo battere con forza,
il fuoco e le scintille di tizzoni incandescenti
che prendono vita dalla sua fornace
mentre il mio essere ardeva nel suo tormento

La mia anima assetata
ha bisogno di dissetarsi dalla fonte dell'amore.

La mia anima è un'araba fenice, risorta dalle sue ceneri,
il suo cammino pieno di imprevisti, lei è dolce,
sensibile, compassionevole, forte, tenace, audace,
è un'anima buona.

In cerca ancora di un'utopia d'amore,
non si è chiesta mai il perché del suo tormento interiore.
Lei dona un sorriso, un abbraccio, una carezza,
un'esortazione a chi è tribolato dal suo vivere, perché
la mia anima non ha conosciuto niente di tutto questo.

Tiziano Semeraro
"La carezza del vento"

∴ LA VOCE ∴

Io sono la voce sulle ali del ricordo,
braccia forti e con la forza, simile a un bufalo.

Le mie rughe del tempo custodi di verità,
il mio sguardo era rivolto al sole e respiravo il cielo.

Alle prime luci dell'alba sfioravo con una carezza il capo
di mio figlio e lo stringevo con un abbraccio nel pensiero.

Sono la voce senza parole udibili!

Un tempo passato, l'uomo dalla schiena ricurva
sotto il sole cocente.
Fiero di me, del lavoro del sudor della mia fronte.
Un pezzo di pane intriso di speranze
per donare un sorriso di serenità.

Sono la voce!

Mani di dignità che arricchivano uomini
amanti del vil guadagno.

Sono la voce di un dì.
Io ero un padre, io ero un marito, io ero un lavoratore.

Io adesso sono un ricordo,
Io adesso sono una lacrima,
Io adesso sono un perché.
Io sono la voce con ali bianche, contro la morte
dell'indifferenza
e la voce di chi non può più parlare.

Carlo Soricelli
"Morti bianche"

∴ RIMPIANTI ∴

Frammenti di parole che solcano l'anima...

Tagliando come pietre affilate lasciando
cicatrici indelebili come tatuaggi.
Incatenando i miei pensieri che mi rendono
prigioniero di te nelle stanze dell'anima.

Vivo e voglio rivivere attimi che mi donavi...

Il tuo sorriso dolce era caldo
simile a un raggio di sole
che accompagnava
il nuovo giorno.

La tua premura che mi avvolgeva
come un manto di lana pregiata..

I tuoi abbracci erano la mia casa .

Ora amo il tuo rimpianto,
quando potevo amare la tua essenza.

Tiziano Semeraro
"La solitudine finale"

IL NARCISISTA ∴

Ponti di sabbia e strade d'acqua,
fondate su promesse di ghiaccio al sole,
rincorrendo carezze e abbracci di un amore Maestrale,
senza trattenerlo tra le mani.

Mi illusi su speranza di foglie d'autunno
e di raggi di sole senza luce.

Tu, architetto d'illusioni, fissavi confini di sbarre d'oro.

Intrappolando i miei sogni in gabbia, nutriti dal tuo ego.

Mi hai legato nell'anima
con corde utopistiche di stima e rispetto,
con abile astuzia mi hai avvolta in nebbie nere,
nei sentieri della mente.

Prigioniera e pur libera, viva e pur morta dentro,
principessa pur schiava.

La mia libertà è l'orizzonte del riflesso della tua vanità.

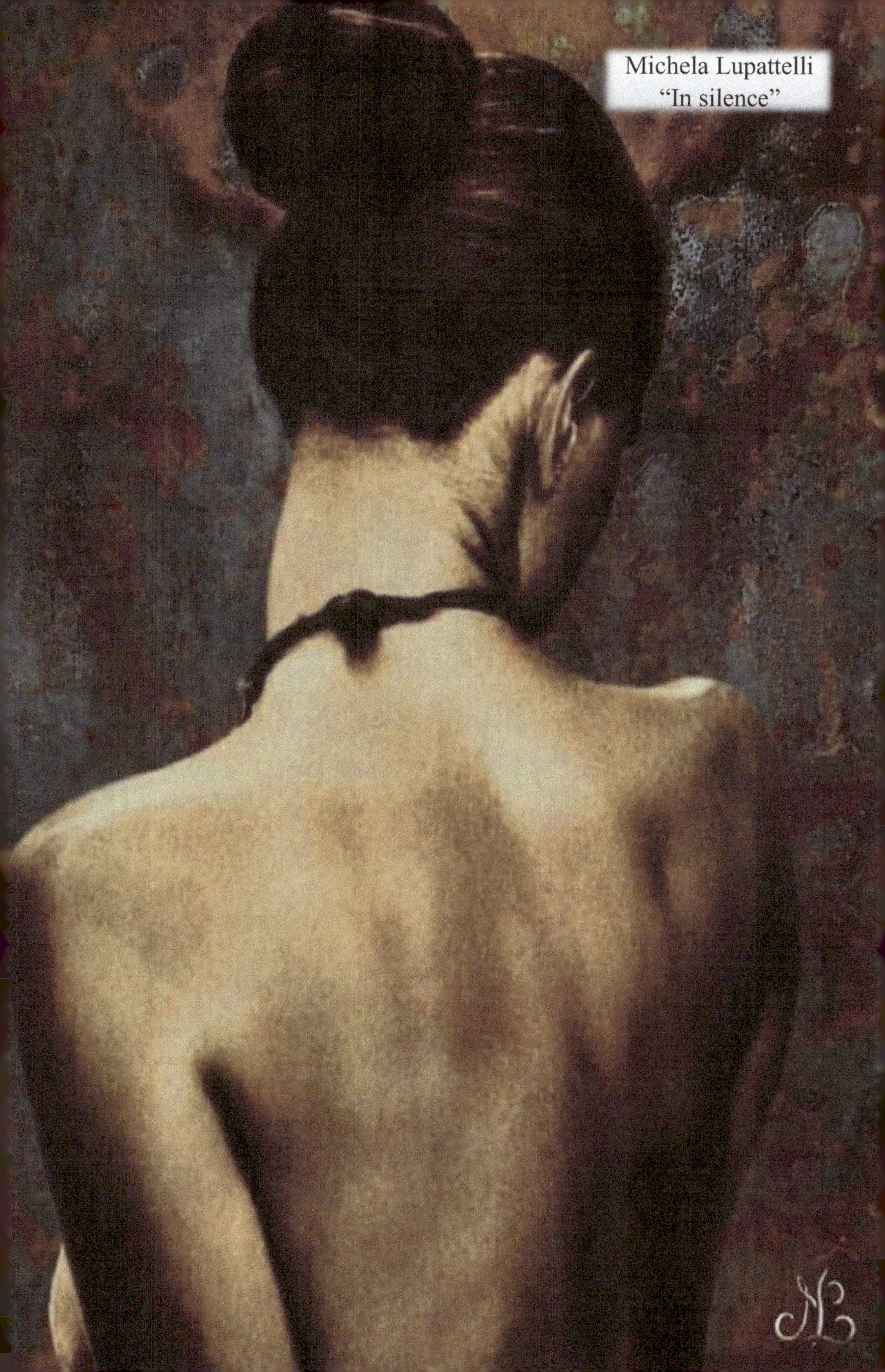
Michela Lupattelli
"In silence"

∴ IL CIELO GRIGIO ∴

Il Cielo grigio dipinto da un pittore,
che ha smarrito i suoi colori
e le sue muse ispiratrici, prigioniere di una torre
di un antico castello di delusioni.

La voce del vento è senza anima e respiro.
Il fruscio delle foglie,
che si lasciano morire lentamente, silenti.
Le strade vuote simile a lande desolate.

Scorgevo dalla finestra del mio oblio,
quel raggio di fidanza... oh sfiorasse
le mie ombre di solitudine e mi illuminasse di vita

Quel riflesso di luce calda, malinconica in una prigione
edificata da mattoni e da malta di travagli

Le nuvole emularono una battaglia tra di loro
lasciando uno squarcio nel cielo
e una saetta di luce mi fu donata,
il vento si calmò in un silenzio quasi religioso.

Quel raggio dorato, sfiorandomi delicatamente
mi elargì il sigillo di libertà,
mutando il mio dolore in gioia e le mie ombre in luce.

Tiziano Semeraro
"Spiandoti"

∴ AMORE MALATO ∴

Violenza, violenza!

Subisci, subisci ancora.

Il tuo silenzio: donna mentre stringi olio tra le mani,
le tue speranze di un domani.

I tuoi pensieri, simili a catene di sorrisi e abbracci,
ti rendono prigioniera e schiava del tuo cuore.

Le tue mani alzate!

Sono diventate il tuo silenzio, per difenderti
e mostrano chi sei.

I tuoi occhi!

Spenti senza luce e pieni di paura,
mostrano chi sei.

Le tue lacrime!

Il tuo dolore e le delusioni
mostrano chi sei.

I tuoi pensieri!

Ancora li culli come un bambino
avvolto in un caldo scialle,
cucito da giorni felici di speranza
mostrano chi sei.

Il suo amore malato e la violenza,
mostrano chi è.

Un fiore, una foto e una lapide
mostrano chi sei stata.

Antonella Cerabona
"Giù le mani, bastardo"

∴ RITORNO A CASA ∴

Odo trepidante una voce messaggera,
sono libera ma prigioniera
da un vento senza vita, infestato da veleni.

Immobile chiudo gli occhi della mente,
la mia anima e le mie emozioni dialogano tra loro.

Una tela, dei pennelli, i colori diventano le loro parole.

La mia mano accompagna delicata
lo scorrere del pennello sulla tela,
e i colori simili a battiti di passione,
donano vita ad un bianco anonimo.

Guardo alla finestra aprendo le tende dell'anima.
La mia terra! Le sue immense distese,
i suoi sentieri, i fiori di campo, i glicini si arrampicano
per ammirare l'orizzonte e rilasciano
essenza di vita.

Raggi dorati del sole illuminano il verde della terra,
gli alberi e le nuvole danzano sulle note del cinguettio
e il trillo degli uccelli.

"La tela, i pennelli, i colori hanno parlato!

La mia anima attraversa il mio dipinto e si acquieta,
per il mio ritorno a casa."

Rita Carrodano
"Ritorno a casa"

∴ L'ARCOBALENO DELL'ADDIO ∴

Eri il mio domani, il sole delicato che riscaldava

con i suoi raggi di carezze la mia essenza.

Eri il mio sorriso che acquietava
la tempesta dei miei sensi.

Eri sorgente d'acqua nel deserto della vita...

Ora sei il fulmine che ha squartato
la mia anima tormentata, genera ricordi d' ombre,
con manti oscuri

La tua dolce acqua si è distillata in una essenza
di sale che sgorga dai miei occhi.

Anima mia rialzati, vivi, risplendi,
insieme al nuovo giorno, tu sei mille colori,
come un pittore dipingi la tela oscura
attraversando l'arco dei colori di un nuovo domani.

Tiziano Semeraro
"Addio"

∴ RESPIRI DI RICORDI ∴

Mani che si intrecciano in un respiro di ricordi,
io tra le tue braccia, indifeso e tu mi proteggevi
nel tuo calore.

Il tempo correva incontrando i suoi attimi senza pause.
Riaffioravano rughe,
e i tuoi capelli si coloravano d'argento,
con un passo lento e incerto, ti accompagnavi
sfiorando il muro e con la luce stanca e fioca degli occhi
ti appoggiavi alle ombre del tuo vissuto.

Ora sono qui! Intreccio la tua mano,
odo il tuo respiro lento, i tuoi occhi cercano il riposo,
mi adagio al tuo fianco in un abbraccio
cerco di riscaldarti.

Ti accompagno nell'ultimo respiro dei ricordi.

Alberto Sebastiani
"Riposo"

∴ LA LIBERTÀ ∴

Rumori di catene dal passato!

Lacrime, donne e bambini seviziati venduti,
come carne al macello, uomini umiliati,
trattati come animali, mutilati, corpi flagellati,
grida di bambini e di donne che squarciano il cielo,
il terreno si tinge di rosso e le lacrime bagnano i volti
senza sembianze umane.

Lo sguardo dei carnefici senza anima,
infettati da radici di male.
Etnie, colore di pelle, credenze religiose,
la diversità, l'odio, la vendette, le leggende, l'ignoranza.
Aguzzini mentali che hanno creato oppressori e
pietrificato l'anima senza una briciola di umanità.

Ogni epoca ha i suoi tiranni.
Un ciclo vizioso e continuo nel tempo,
il ripetersi della storia sempre uguale.
Chi ode il lamento d'aiuto è sordo!
Chi scruta è cieco?
In quale luogo si nasconde il liberatore?

Oh libertà ti hanno legato una benda agli occhi,
spalle al muro davanti a un plotone di esecuzione
e fucilata con proiettili di avidità, compromesso,
potere e denaro.

Oh libertà, oh libertà in quest'epoca
verso lacrime sulla tua tomba.

Simona Battistelli
"Italia"

∴ TERRA, ACQUA, ARIA ∴

Se io fossi terra, uomo!

"Io sono viva, e la mia anima è in travaglio per te,
hai conoscenza e non intelligenza,
mi disseti da fonti di acqua simile
all'assenzio, e i tuoi vivandieri
mi cibano di concime oscuro.
Io sono vita e non morte!
I miei frutti sono succosi e dolci al palato
e lentamente donano la morte ."

Se io fossi acqua, uomo!

"Medita, medita! La mia acqua, elargisce vita
ad ogni creatura della terra,
genera il tuo cibo, il tuo sale.
Medita!
La mia acqua evapora, crea le nuvole,
e torna di nuovo alla terra, e ti disseta.
La mia acqua è diventata un laidume,
che toglie vita lentamente."

Se io fossi aria, uomo!

"Rifletti, tu vivi in me e io in te.
Il tuo olezzo di estinzione,
lentamente apre la porta del tuo procombere."
Uomo!

"Io sono il fuoco vengo a purificarti"

Diana Penso
"Madre Natura"

.:. LA VOCE DEL SILENZIO .:.

Ascolta l'eco della tua voce, il suo grido di battaglia è
simile a una Amazzone in forza, potenza e bellezza.

Guarda il tuo riflesso allo specchio
è simile ad un oracolo e ammira
l'immensità e la profondità della bellezza dei tuoi occhi.

Apri le tue labbra e donati un sorriso
pari alla lucentezza delle stelle
che illumina il buio della notte.

Tu prigioniera di te stessa tra le sbarre del tuo passato,
la tua solitudine e per punire te stessa!?

Ti sei segregata nelle tue stanze oscure
e non penetra un raggio di sole e se penetra,
ti nascondi alla sua presenza.

La tua anima è sazia di mali e sensi di colpa
anche la parola più dolce come il miele
diventa cibo amaro, la soffochi
con il manto del tuo passato.

Resti ferma in quel angolo buio e freddo,
sono anni che sei prigioniera di te stessa.

La porta non ha lucchetti, né serrature...
È aperta devi solo spingerla e il sole ti illuminerà,
il suo calore ti riscalderà

e la sua bellezza ti darà nuova vita,
scegli la vita e non la morte della tua anima.

Sii forte e coraggiosa,
fa' del tuo passato una rivincita, un nuovo inizio.
Spezza con l'amore per te stessa
le sbarre della prigione della tua anima.

Lascia penetrare quel raggio di vita
che asciugherà le tue lacrime e nuova vita ti donerà.

Tiziano Semeraro
"Gli occhi della malinconica"

∴ LE DUE QUERCE ∴

Grida di azzurro cielo, risate di raggi di sole
e capricci di pioggia.
Cresciuti come querce, sotto lo stesso manto di stelle,
legati alle radici in profondità.

Con la tua chioma più alta guardavi da lontano
la tempesta e il fulmine.

Eri la mia sentinella!

Ci siamo abbeverati alla stessa fonte,
e il sole ci riscaldava nelle notti di freddo.

Il tramonto era testimone delle nostre burle
agli scoiattoli e i nostri rami giocavano con il pettirosso;
siamo stati tettoia e rifugio,
uniti ci siamo difesi dai parassiti.

Giorni vissuti con ironia!

Ai nostri piedi abbiamo incontrato innamorati,
bambini e uomini malvagi.

Certo, uomini malvagi!

Con le asce tra le mani, ti hanno ferito,
ho visto la tua linfa sul terreno,
cadevi in un sol botto davanti ai miei occhi,
ho sentito il dolore, lento e solenne
scorrere come linfa grigia, sgorgando in pozze

attanagliato da catene ferrose forgiate,
evirato dalle mie radici.

Maggiormente indebolito, grido ancora all'azzur ciel,
e rido ancora allo sfiorare di un raggio di sole,
mentre sotto la pioggia resto ancora capriccioso,
giocando con scherzi, rimanendo ospitale
con chi è nella sventura.

Solo per onorare la tua memoria.

A presto grande quercia.

Laura Pasqualucci
"Il luogo dei miei sogni"

∴ IL CAPPELLO ∴

Il viale della vita custodisce una vecchia panchina
di pregiato legno, è la testimone inosservata di vita.

Immersa in una cornice di silenzi e solitudini,
tra gli alberi e fiori delicati e danze di farfalle.
Ogni dì, tra il cinguettio di amici con le ali,
ascolta le parole dei suoi ospiti
e stende un tappeto pregiato, formato da foglie cadenti.

Lascia accomodare un vecchio amico, dal passo lento,
un bastone e un capello tra le mani.
Le sue rughe pari a i suoi listelli di legno,
come un antico rito, sedendosi, appoggia
delicatamente il capello al suo fianco,
e accarezza la sua amica panchina,
si rilassa dal fiatone e dal suo cammino.
I suoi occhi sono stanchi,
ma ammira la bellezza del cielo, degli alberi,
da lontano scorge dei bimbi che corrono
tra le loro grida di gioia e la voce di una madre,
i trilli degli uccelli per lui sono melodia e vita,
con un respiro profondo, si lascia invadere dai profumi,
che l'amico vento gli dona.

Come un attore che ha calcato teatri di fama,
inizia il suo monologo, con uno sguardo malinconico
verso il cappello.

Amico mio quante risate abbiamo donato
a questa nostra oasi di libertà,
gli alberi e gli uccelli, son testimoni.

Ricordo i tuoi pensieri nobili e il tuo cuore innamorato
della bellezza della vita, nei miei momenti di malinconie
nel buio dei malanni eri luce, con le tue parole rivestite
di saggezza salomonica, emanavi raggi di purezza
e infondevi riflessi di forza e vigore.

Amico mio, il tempo è tiranno, non lo si può sconfiggere,
la sua tirannia è dolce, quasi non te ne accorgi
e i suoi carcerieri sono simili alla luna e il sole,
fanno la conta dei prigionieri ogni dì.

Loro sono astuti e ci lasciano la libertà,
nel nostro controllo illusorio,
abbiamo consumato il tempo dei nostri giorni.

C'è un tempo per tutto è giunto anche il mio tempo!
Tu, amica mia, ti accarezzo ancora una volta
e per riconoscenza ti dono anch'io il mio cappello.

Tu amico vento soffia, soffia forte!
Affinché, i nostri cappelli terreni, s'incontrino negli spazi
dove il tempo e il dolore sono tramutati in danza di gioia.

Laura Pasqualucci
"Il tempo"

∴ LA STANZA DELLE MASCHERE ∴

Era una stanza fredda e buia,
al centro appoggiata su tavolo antico,
una candela quasi consumata,
che emanava quella fievole luce,
da un vecchio candelabro.

Alle pareti c'erano appese tante maschere,
mi avvicinai e ne presi una,
la osservai e con le dita la sfiorai e sotto i polpastrelli
sentii come delle pulsazioni e notai uno specchio
e la mia immagine rifletteva in esso.

Quella maschera mi attirava a sé,
la indossai e da quell'istante
le mie emozioni e sentimenti
non avevano più una coscienza.

Vestivo sorrisi all'occorrenza.
Il compromesso era il mio cammino...
E le mie promesse erano bolle d' illusioni,
create da un abile giocoliere.

Diventavo il giullare di corte e il mercenario di turno,
ero l'amante perfetto e il traditore.

Io gran maestro d'illusioni
creavo e offrivo sogni irrealizzabili.

Voltai il capo intravidi una crepa nella parete,
un fascio di luce dalle mille sfumature
penetrava da essa, ero attirato come una falena
che per istinto segue la luce
per raggiungere la sua meta.

E i miei occhi furono illuminati
e quello splendore invase lentamente la stanza
fino ad arrivare alla parete delle maschere,
illuminandole e polverizzandole,
al suo passaggio, per ultima,
cadde la mia maschera.

Tiziano Semeraro
"Liberazione"

∴ IL VOLONTARIO ∴

Le mie mani sono sporche di terra,
sporche d'altruismo e la mia anima è testimone
dell'empatia del sigillo di sensibilità.

Percorro ogni giorno strade di speranza e solidarietà,
per donare un sorriso e un racconto,
per stendere una mano di conforto e un pezzo di pane,
una parola e una carezza che sfiorano l'anima,
simili a unguenti medicamentosi.

Io sono un faro nella notte di tempesta e sconforto.

Io sono anche le mani di tanti
il cui cuore è un battito d'amore.

Io sono colui, che ascolta,
io stanco, invisibile, chi un tetto non ha.

Io sono l'abbraccio mancato nella solitudine
e gli occhi che vedono dignità e valore
in chi non crede più a se stesso.

Io sono colui che entra nelle fiamme al grido d'aiuto
a rischio della propria vita.

Io sono colui che a sirena spiegata, come un fulmine,
combatte contro gli ultimi respiri.

Io sono colui che si prende cura di un viso
segnato da rughe, da un vissuto di tormento.

Io sono colui che difende dagli abusi e prepotenze.

Io sono l'amore di un volontario
per donarlo a chi non ha più nulla.

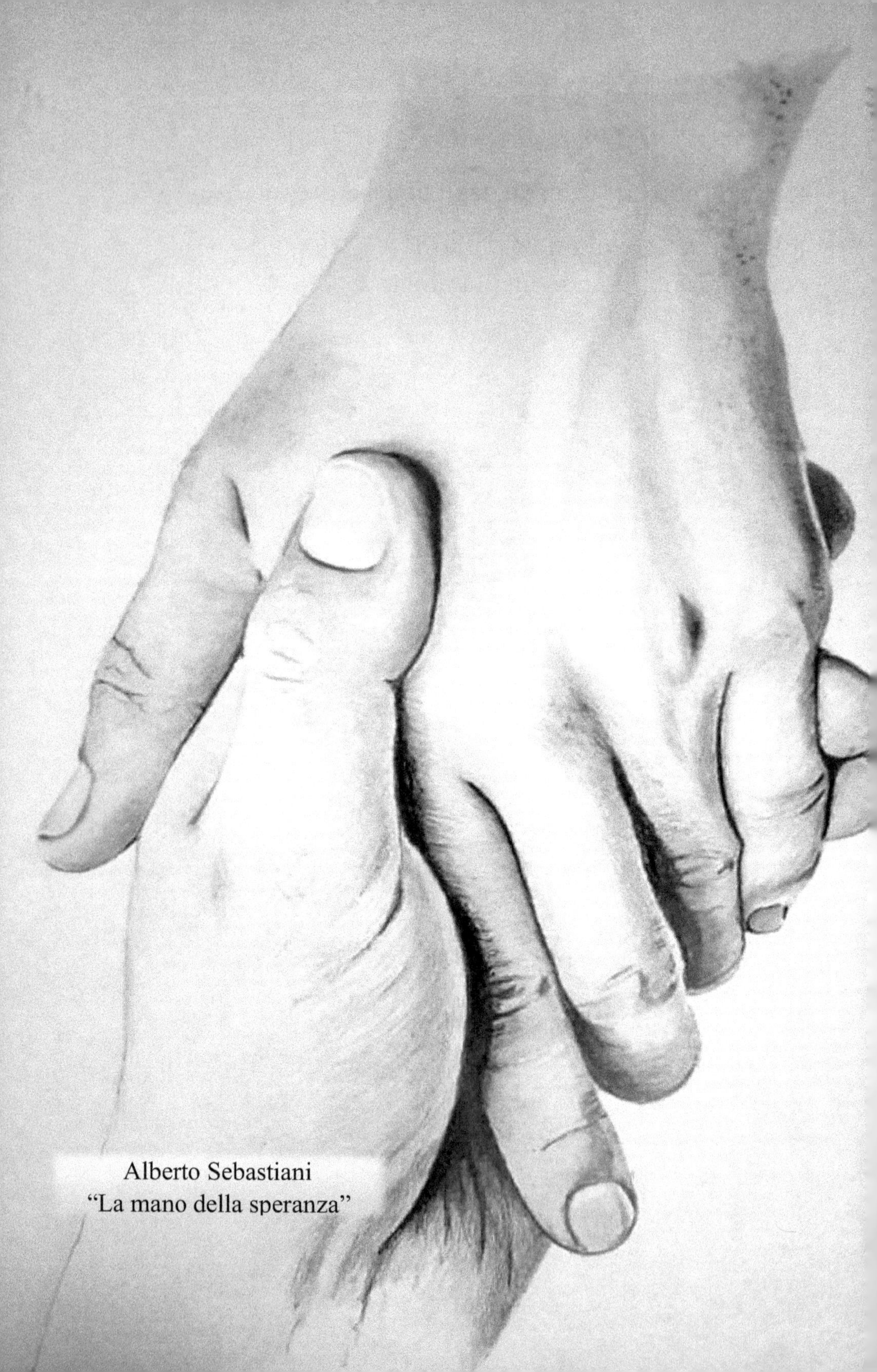

Alberto Sebastiani
"La mano della speranza"

∴ FANGO E TERRA ∴

Il vento mi ha cullato e donato alla terra,
legato da un filo invisibile, con un inizio e una fine.

Ho camminato sulle voragini della vita,
tra le danze della sorte.

Ho calpestato terra profana e sacra.

Ero santo, poeta e peccatore...
Tra il buio della notte e il sole luminoso del giorno.
Con paglia di dissolutezza e rami da legna di vanità
ho arso la stoltezza.

Ero un tenero amante, in cerca di penetrabili amori,
ho dissacrato talami, e sottane di un bianco pudico
con sfumature di sogni.

Colmavo le mie complessità,
ammantandole di cristalli di ghiaccio,
che si scioglievano da verità distorte.

Io dal cuore sanguinante, simile a un cercatore
impegnato nella caccia di un tesoro antico,
in cui risiede il medicamento dell'Universo, l'Amore!

Quell'amore decantato da poeti, cantastorie, pittori,
ricercato nelle loro profondità.

La mia anima agonizzante d'amore...

Sono stanco, stanco!

Con le mani sporche di polvere,
non mi arrendo, continuo tra corpi di fango e terra.

Dal cielo pioggia, corpi si disciolgono
come sabbia asciutta.

Pulviscolo universale in schiaritura sul soffio del vento,
da lontano, come un corpo con forme delicate,
con un anfora antica tra le mani che sgorga acqua,
immobile resta.

Dalla sua bocca stillanti parole d'amore,
come acqua scendono nei solchi dell'anima,
placando il mio essere,
adattandosi al suo riposo cupidico,
adagiato sulle frecce,
tra le sue braccia.

Tiziano Semeraro
"Non voglio guarda re
il cielo"

Biografia dell'AUTORE

Alex Hunter è nato a Napoli, nel 1969; è consulente spirituale, impegnato nel sociale, diplomato alla scuola biblica M.I.E.

Scrive per dare espressione alla vita vissuta, di tutti, cercando di cogliere l'essenza della loro anima. La definizione adatta alla forma delle sue poesie potrebbe essere "Poesia Sociale".

Versatile e dotato di grande creatività, nel 2022 ha pubblicato già due titoli per le edizioni Aurea Nox:

Cor' 'e fierr' - Autobiografia romanzata
                 Premio Arte e letteratura - Da Vinci Awards
Io sono Aurillo dal cuor scintillo - Fiaba a contenuto sociale

Sommario

RINGRAZIAMENTI dell'AUTORE

Vorrei porgere il mio più sentito ringraziamento a tutti gli Artisti che hanno creduto nella mia prima opera poetica e che mi hanno così supportato, donando con grande e sincera generosità le loro creazioni per illustrare questo volume.

Laura Pasqualucci
Marco Ferreri
Alberto Sebastiani
Tiziano Semeraro
Antonella Cerabona
Antonio Federico
Stefano Borgato
Simona Battistelli
Diana Penso
Carlo Soricelli
Michela Lupattelli
Rita Carrodano

Ringrazio anche tutto il gruppo di Aurea Nox che ha creduto in me e nelle mie capacità creative.

Grazie, *Alex Hunter*

IL PROGETTO ETICO DI AUREA NOX

AUREA NOX è un progetto etico collettivo nato in rete nel Maggio 2021 da un'idea di <u>Grazia Velvet Capone</u> che ha ideato e realizzato anche tutte le elaborazioni grafiche.

Le energie creative del gruppo confluiscono nella collana-esperimento evolutivo chiamata **AVALON - Terra Sacra**: un luogo letterario dove gli autori si confrontano con un tema comune. È nata così l'idea di creare una pubblicazione ritmica, legata alla ruota dell'anno, adatta a tramandare forme-pensiero di profonda e assoluta ricerca evolutiva.

Una virtuale unione di intenti. Un Seme che diventi Quercia.

Di seguito ecco le altre collane editoriali

- BEE BOOK - SII UN LIBRO - Collana per bambini
- SEVEN DOORS - Sviluppo spirituale
- BREVIS - Saggi e Racconti brevi
- LYRA - Poesia
- HELOQUENCE - Diari, Romanzi, Manuali
- TRIBAL - Viaggi, Magia, Territori
- AUREA MAGISTRA – Percorsi storici

Per contatti, richieste e collaborazioni:
Mail aureanox@libero.it

Gruppo Facebook Aurea Nox - Scrittori – Editori